CHEFKOCH

EUROPAS GRÖSSTE FOOD-COMMUNITY: **20 MILLIONEN USER WISSEN, WAS SCHMECKT**

Lecker sparen –
viel Genuss für wenig Geld

DAS BESTE VOM CHEFKOCH-MAGAZIN

Impressum

Math. Lempertz GmbH
Hauptstraße 354, 53639 Königswinter
Tel.: 02223 / 90 00 36, Fax: 02223 / 90 00 38
info@edition-lempertz.de, www.edition-lempertz.de

Dieses Kochbuch wurde nach bestem Wissen und Gewissen verfasst. Der Verlag trägt keine Verantwortung für ungewollte Reaktionen oder Beeinträchtigungen, die aus der Verarbeitung der Zutaten entstehen. Für Schäden, die bei der Zubereitung der Gerichte an Personen oder Küchengeräten entstehen, wird keine Haftung übernommen.
Die angegebenen Portionspreise wurden im Januar 2023 berechnet. Preisänderungen können nicht ausgeschlossen werden.

Lektorat: Math. Lempertz GmbH
Layout/Satz: Kerstin Pfeiffer
Gesamtherstellung: Pr ntconsult GmbH, München
Printed and bound in: Slovenia
ISBN: 978-3-96058-467-4

MIX
Papier | Fördert gute Waldnutzung
FSC
www.fsc.org
FSC® C084279

Foodfotos:
Umschlag Vorderseite:
Foto: Neckermann, Thomas
Umschlag Rückseite:
Fotos (v.l.n.r.): Gottwald, Jorma; Bonanni, Florian/Blueberry Food Studios
Innenteil:
Fotos: Bonanni, Florian/Blueberry Food Studios: S. 32, 108
Gorenc, Denise/Blueberry Food Studios: S. 78
Gottwald, Jorma: S. 8, 16, 22, 28, 34, 42, 46, 48, 50, 52, 54, 56, 60, 62, 64, 68, 72, 86, 92, 96, 98, 102, 104, 110, 112, 116, 118
Neckermann, Thomas: S. 10, 12, 14, 18, 20, 24, 26, 30, 36, 38, 40, 44, 58, 66, 70, 74, 84, 88, 90, 94, 100, 106, 114
Schröder, Bruno/Blueberry Food Studios: 76
Südfels, Thorsten/Blueberry Food Studios: S. 6-7, 80
Foodstylisten: Blum, Celia/Blueberry Food Studios; Bonanni, Florian/Blueberry Food Studios; Buchholz, Charline; Büngener, Jürgen; Ellmer, Achim; Fänger, Friederike; Frenzel, Raik/Blueberry Food Studios; Geiselmann, Roland; Gordiyenko, Vladlen/Blueberry Food Studios; Grosse, Nyasha; Grossmann, Lukas; Heidegger, Marion; Köster, Hege Marie; Leyendecker, Sophie; Lucas, Anne; Luck, Julia; Möllmann, Josefine; Pio; Stut, Marcel; Swoboda, Marion; Trenkle, Sarah; Wolken, Michele; Zollfrank, Henrike

Stylisten: Blum, Celia/Blueberry Food Studios; de la Fuente, Isabel; Gorenc, Denise/Blueberry Food Studios; Graumann, Katja; Heinatz, Katrin; Mähler, Christine; Rehbock, Anka; Ruschke, Aylene/Blueberry Food Studios; Schenk, Dörthe; Schröder, Bruno/Blueberry Food Studios, Stüber, Meike

CHEFKOCH

EUROPAS GRÖSSTE FOOD-COMMUNITY: **20 MILLIONEN USER WISSEN, WAS SCHMECKT**

Lecker sparen – viel Genuss für wenig Geld

DAS BESTE VOM CHEFKOCH-MAGAZIN

LEMPERTZ

Inhalt

Suppen & Salate

Vegetarische Hauptgerichte

Hauptgerichte mit Fleisch

Hauptgerichte mit Fisch

Snacks

Kuchen, Gebäck & Desserts

Liebe Leserinnen und Leser,

Kochen ist für viele Leidenschaft, gemeinsame Zeit mit der Familie oder eine willkommene Flucht aus dem Alltag. Bei stetig steigenden Preisen kann die Lust am Kochen aber leider schon beim Einkaufen schnell vergehen. Was es braucht, sind clevere Rezepte, die den Geldbeutel schonen, lecker schmecken und Spaß bei der Zubereitung machen.
Die Chefkoch-Community hat viele Rezepte gesammelt, die genau unseren Wünschen entsprechen. Eine Kartoffelsuppe mit Champignons und knusprigem Speck wärmt die Seele, ein orientalischer Kartoffelsalat mit Minze bringt Ablenkung auf den Teller und mit einer Kartoffel-Leberkäse-Pfanne mit Spiegelei werden alle satt. Und wer denkt, sparen heißt Verzicht auf Genuss – wir sind klar dagegen: Auch ein cremiges Oreo-Tiramisu oder ein saftiger Orangen-Gugelhupf kommen ganz ohne viel Schnickschnack aus und sind einfach nur sündhaft lecker!
Unsere Rezepte bringen wieder Spaß in den vielleicht oft eher farblosen Alltag. Haben Sie wieder Freude beim Einkaufen und Kochen!

In diesem Sinne wünschen wir Ihnen guten Appetit!

Ihr CHEFKOCH-Team

Suppen & Salate

NORMAL
30 Min.

► Verfasser: ELANDA, WEB: CK-MAG.DE/140214

Frische Kokos-Gemüsesuppe

Pro Portion 228 KCAL

ZUTATEN (4 Portionen)

2 kleine Zwiebeln
4 Knoblauchzehen
20 g frischer Ingwer
200 g Lauch
200 g Möhren
100 g Knollensellerie
2 Kartoffeln (160 g)
200 g rote Paprikaschote
Öl zum Dünsten (ca. **3 El**)
2 Tl Currypulver
1 l Gemüsebrühe, selbst gemacht oder Instant
320 ml Kokosmilch
200 g TK-Rosenkohl
Salz, Pfeffer

1. **Zwiebeln, Knoblauch** und **Ingwer** fein würfeln. **Lauch** putzen, waschen und das Weiße und Hellgrüne in 1 cm breite Ringe schneiden. **Möhren, Sellerie** und **Kartoffeln** schälen und in 1 cm große Würfel schneiden. **Paprika** putzen, vierteln, entkernen und würfeln.

2. **Öl** in einem Topf erhitzen. **Zwiebeln, Knoblauch** und **Ingwer** darin bei mittlerer Hitze 2 Min. dünsten. Mit **Curry** bestäuben. **Gemüsebrühe** und **Kokosmilch** zugießen und aufkochen.

3. **Lauch, Möhren, Sellerie, Kartoffeln** und **Rosenkohl** zugeben und abgedeckt bei milder Hitze 20 Min. kochen. Eintopf mit **Salz** und **Pfeffer** würzen.

VEGAN

Pro Portion ca. 1,19 €

FRAGOLINA888: „Habe rote Zwiebeln verwendet und Erdnussöl, passte geschmacklich sehr gut."

Tipp **Zum Aufpimpen** garen Sie als zusätzliche Einlage in der Kokossuppe kleine Mettbällchen oder Garnelen 5 Min. lang mit.

NORMAL
40 Min.
+ 35 Min.
Garzeit

► Verfasser: BRILLA, WEB: CK-MAG.DE/311014

Kürbiseintopf ★★★★

Pro Portion 363 KCAL

ZUTATEN (4 Portionen)

1 große Zwiebel
2 Knoblauchzehen
250 g Möhren
250 g Kartoffeln
1 kg Kürbis
2 rote Chilischoten
4 El Olivenöl
180 g Langkornreis
1 ¼ l Gemüsebrühe
1 Tl Selleriesalz
2 El gehackte Petersilie
Salz, Pfeffer
frisch geriebener Parmesan, nach Belieben

1. **Zwiebel, Knoblauch, Möhren, Kartoffeln** und **Kürbis** schälen. **Zwiebel** und **Knoblauch** fein würfeln, **Möhren** in Scheiben, **Kartoffeln** in Würfel schneiden. **Kürbis** entkernen, ebenfalls würfeln. **Chilischoten** putzen, entkernen und fein hacken.

2. **Knoblauch** und **Zwiebeln** in einem Topf im heißen **Öl** glasig andünsten. **Reis** kurz mit andünsten. **Möhren, Kartoffeln, Kürbis** und **Chili** zugeben und weitere ca. 10 Min. dünsten.

3. **Brühe** zugießen, zum Kochen bringen. Mit **Selleriesalz** würzen und ca. 30 Min. bei schwacher Hitze zugedeckt garen. Anschließend ca. 5 Min. ohne Deckel stehen lassen. **Petersilie** unterrühren. Kürbiseintopf salzen, pfeffern und mit **Parmesan** servieren.

Pro Portion ca. 1,19 €

ISA3815: „Habe einen Hokkaidokürbis genommen. Da die Schale essbar ist, spart man sich das Schälen."

Tipp

Kürbisschälen leicht gemacht! Kürbisse lassen sich leichter schälen, wenn sie halbiert und mit der Innenseite nach oben im Backofen bei ca. 140 Grad 20–30 Min. weich gegart werden. Die Schale lässt sich danach einfach abziehen. Den so vorgegarten Kürbis dann aber erst kurz vor Ende der Garzeit zum Eintopf geben.

NORMAL
40 Min.
+ 20 Min.
Garzeit

► Verfasser: MICKYJENNY, WEB: CK-MAG.DE/160215

Kartoffelsuppe mit Champignons und knusprigem Speck ★★★★½

Pro Portion 482 KCAL

ZUTATEN (4 Portionen)

750 g mehligkochende Kartoffeln

150 g Champignons

1 Bund Suppengemüse

1 Zwiebel

1 Knoblauchzehe

2 El Butterschmalz

800 ml Fleisch- oder Gemüsebrühe

1 Blatt frischer oder **1 Tl** getrockneter Liebstöckel

1 Tl Kümmel

1 Tl getrockneter Majoran

Salz, Pfeffer

1 Bund glatte Petersilie

150 g Frühstücksspeck (Bacon)

200 ml Schlagsahne

1. **Kartoffeln** schälen und in kleine Würfel schneiden. **Champignons** putzen und halbieren oder vierteln. **Suppengemüse** putzen und bis auf die Möhre klein schneiden. **Zwiebel** und **Knoblauch** fein hacken.

2. **Butterschmalz** in einem Topf erhitzen, **Kartoffeln** darin rundum anbraten. **Pilze** kurz mitbraten. **Suppengemüse** (ohne Möhre), **Zwiebeln** und **Knoblauch** zugeben. Unter Rühren ca. 5 Min. anbraten.

3. **Brühe** angießen, mit **Liebstöckel, Kümmel, Majoran, Salz** und **Pfeffer** würzen. Ganze Möhre zugeben, Suppe aufkochen und ca. 20 Min. bei milder Hitze köcheln lassen.

4. Inzwischen **Petersilienblätter** hacken. **Speck** fein würfeln und in einer Pfanne ohne Fett knusprig braten. Herausnehmen und auf Küchenpapier abtropfen lassen.

5. Möhre aus der Suppe heben, in Würfel schneiden und beiseitestellen. **Sahne** zur Suppe geben. Suppe mit dem Stabmixer fein pürieren, kurz aufkochen lassen, salzen und pfeffern. Mit **Speck**, Möhrenwürfeln und **Petersilie** bestreut servieren.

KLEINEMAMA3: „Habe zusätzlich noch Wiener Würstchen reingeschnippelt."

Tipp

Noch mehr Pilzpower! 5 g getrocknete Steinpilze 15 Min. in 100 ml heißem Wasser einweichen. Pilze hacken und mit dem Einweichwasser und der Brühe zur Suppe geben.

SIMPEL
20 Min.
+ 20 Min.
Garzeit

► Verfasser: HEIMWERKERKÖNIG, WEB: CK-MAG.DE/230616

Kohlrabi-Kartoffel-Suppe ★★★★½

Pro Portion 368 KCAL

ZUTATEN (4 Portionen)

2 Kohlrabi

800 g vorwiegend festkochende Kartoffeln

2 Zwiebeln

2 El Öl

1 l Gemüsebrühe

200 ml Schlagsahne

2 Tl TK-Kräuter

1 kleines Bund glatte Petersilie

Salz, Pfeffer aus der Mühle

2-3 Prisen Muskat

1. **Kohlrabi** und **Kartoffeln** schälen und in Würfel schneiden. **Zwiebeln** fein würfeln.

2. **Öl** in einem Topf erhitzen, **Zwiebeln** darin glasig dünsten. **Kohlrabi** und **Kartoffeln** zugeben, kurz mitdünsten.

3. **Brühe** angießen, aufkochen und zugedeckt ca. 20 Min. köcheln lassen. Einige Löffel Gemüse mit einer Schaumkelle aus der Suppe nehmen und beiseitestellen. Restliches Gemüse in der **Brühe** mit dem Stabmixer pürieren. **Sahne** und **TK-Kräuter** unterrühren. Gemüse wieder zugeben.

4. **Petersilienblätter** abzupfen, hacken und unter die Suppe rühren. Mit **Salz, Pfeffer** und **Muskat** abschmecken.

VEGGIE

Pro Portion ca. 1,20 €

MOJAN: „Habe die Suppe noch mit Cayennepfeffer abgeschmeckt."

NORMAL
20 Min.

Pizzasuppe

Pro Portion 827 KCAL

ZUTATEN (4 Portionen)

500 g Rinderhackfleisch
Salz, Pfeffer
2 Paprikaschoten
1 Dose geschnittene Champignons (314 g Abtropfgewicht)
300 ml passierte Tomaten
150 ml Sahne
150 g Crème fraîche
300 g Sahneschmelzkäse
1–2 El Pizzagewürz
evtl. **1–2 Tl** gekörnte Gemüsebrühe

1. In einem Topf **Hackfleisch** 3–4 Min. krümelig braten, mit **Salz** und **Pfeffer** würzen. **Paprika** putzen und in kleine Stücke schneiden.

2. **Champignons** samt Saft und **passierte Tomaten** zum Hack geben. Verrühren, **Paprika** dazugeben und ca. 10 Min. kochen lassen.

3. **Sahne** und **Crème fraîche** unterrühren. **Sahneschmelzkäse** zufügen, mit **Pizzagewürz** abschmecken.

4. Nach Belieben mit **Brühe** würzen. Wenn der **Käse** geschmolzen ist, ist die Suppe fertig. Dazu passt Baguette.

Pro Portion ca. 1,05 €

EIZI: „Ich habe noch Mais, Kidneybohnen und einen Spritzer Tabasco zugegeben."

Tipp

Ein echter Partyknaller! Chefkoch.de-User, die dieses Rezept kommentiert haben, schwören darauf fürs Partybuffet. Schnell gemacht und super vorzubereiten.

NORMAL
30 Min.

► Verfasser: NESSAJA84, WEB: CK-MAG.DE/260617

Taco-Schichtsalat

Pro Portion 630 KCAL

ZUTATEN (6 Portionen)

1 Eisbergsalat
3 gemischte Paprikaschoten
1 Salatgurke
4 Tomaten
1 Dose Mais (285 g)
1 Dose Kidneybohnen (400 g)
400 g Schmand
1 Flasche Tacosauce (z. B. „Texicana Salsa")
250 g geriebener Gouda
1 Pck. Tortillachips

1. **Eisbergsalat** putzen, in Streifen schneiden. **Paprika** putzen. **Paprika** und **Salatgurke** in kleine Würfel schneiden. **Tomaten** halbieren, in Scheiben schneiden. **Mais** und **Bohnen** abtropfen lassen.

2. Vorbereitete Zutaten nacheinander in eine große Schüssel schichten. **Schmand** darauf verstreichen, **Tacosauce** darauf verteilen. Alles mit **Käse** bestreuen. Schichtsalat nach Belieben einige Std. durchziehen lassen.

3. Kurz vor dem Servieren **Chips** in grobe Stücke brechen und auf dem Salat verteilen.

VEGGIE

Pro Portion ca. 2,38 €

NORMAL
25 Min.

Lauwarmer Brotsalat ★★★★½

Pro Portion 280 KCAL

ZUTATEN (4 Portionen)

1 rote Paprikaschote
1 Zucchini
200 g Champignons
1 rote Zwiebel
2 Knoblauchzehen
4 Scheiben kräftiges Bauernbrot
6 El Olivenöl
Salz, Pfeffer
½–1 Tl edelsüßes Paprikapulver
3 El dunkler Aceto balsamico
½ Bund glatte Petersilie

1. **Paprika, Zucchini** und **Pilze** putzen. **Paprika** in Streifen, **Zucchini** und **Pilze** in Scheiben schneiden. **Zwiebel** halbieren und in dünne Scheiben schneiden, **Knoblauch** fein würfeln. **Brot** knusprig toasten und grob würfeln.

2. 2 El **Olivenöl** in einer großen Pfanne erhitzen. Die vorbereiteten Zutaten (außer Brot) darin 3–5 Min. unter Wenden braten. Mit **Salz, Pfeffer** und **Paprikapulver** würzen und mit **Balsamico** ablöschen. **Petersilienblätter** fein schneiden und untermischen.

3. Gebratenes Gemüse in eine große Schüssel geben, Brotwürfel unterheben. Salat 1–2 Min. abkühlen lassen, restliches **Olivenöl** untermischen. Mit **Salz** und **Pfeffer** abschmecken und sofort servieren.

VEGAN

Pro Portion ca. 0,98 €

BIBIBEATE: „Habe Mozzarella und Tomate dazugegeben."

NORMAL
20 Min.

Rucola-Radicchio-Salat mit Orange ★★★★

Pro Portion 240 KCAL

ZUTATEN (2 Portionen)

1 Radicchio (150 g)
50 g Rucola
1 Orange
1 Zitrone
1 Tl Honig
4 El Orangensaft
4 El Olivenöl

1. **Radicchio** putzen und in schmale Streifen schneiden. **Rucola** putzen, nach Belieben kleiner schneiden. **Orange** einschließlich der weißen Innenhaut schälen. Filets zwischen den Trennhäuten herausschneiden und in Stücke schneiden. **Zitrone** auspressen.

2. **Honig, Orangensaft, Zitronensaft** und **Olivenöl** zu einer Vinaigrette verrühren.

3. Salate auf Tellern verteilen, die Orangenspalten darauflegen und die Vinaigrette darüber verteilen.

VEGGIE

Pro Portion ca. 2,83 €

Tipp

Etwas mehr Crunch gefällig? Geröstete Kerne oder Nüsse oder auch frische Granatapfelkerne passen sehr gut zu diesem Salat.

SIMPEL
25 Min.

► Verfasser: SARA_ENGEL, WEB: CK-MAG.DE/390318

Gemischter Salat mit Feta

Pro Portion 414 KCAL

ZUTATEN (4 Portionen)

200 g Feta
1 Dose Mais (285 g)
1 Dose Kidneybohnen (400 g)
3 gemischte Paprikaschoten (400 g)
2 Tomaten (120 g)
½ Salatgurke
20 schwarze Oliven
Saft von ½ Zitrone
2 El Weißweinessig
Salz, Pfeffer
½ Tl Kräuter der Provence
½ Tl getrockneter Oregano
3 El Olivenöl

VEGGIE

1. **Feta** würfeln. **Mais** und **Bohnen** in einem Sieb abspülen, abtropfen lassen. **Paprika** putzen. **Paprika, Tomaten** und **Gurke** klein schneiden. **Oliven** entkernen und halbieren. Alles in eine Schüssel geben.

2. **Zitronensaft, Essig, Salz, Pfeffer, Kräuter** und **Öl** verrühren, über die Salatzutaten geben, alles vorsichtig vermischen.

Pro Portion ca. 2,54 €

SIMPEL
15 Min.
+ 20 Min.
Marinierzeit

Kichererbsen-Thunfisch-Salat

Pro Portion 514 KCAL

ZUTATEN (2 Portionen)

1 Dose Kichererbsen (400 g)
1 Dose Thunfisch (185 g)
1 kleine Paprikaschote
1 Tomate
50 g Feta
1 Schalotte
1 kleine Knoblauchzehe
2 El grüne Oliven
1 El Kapern
1 Handvoll Rucola
1 Tl gehackte Minze
3 El Olivenöl
Salz, Pfeffer

1. **Kichererbsen** und **Thunfisch** abtropfen lassen. **Paprikaschote** putzen. **Paprika, Tomate** und **Feta** klein würfeln. **Schalotte** und **Knoblauch** fein würfeln.

2. Alle vorbereiteten Zutaten in eine Schüssel geben. **Oliven, Kapern, Rucola, Minze** und **Olivenöl** zufügen. Alles gut mischen, mit **Salz** und **Pfeffer** abschmecken. Mindestens 30 Min. durchziehen lassen.

SONNILEIN: „Habe mir einen Kräutertopf gekauft, abgeerntet und in kleinen Dosen eingefroren. Nun habe ich immer Minze parat."

Tipp **Variationen:** Eine gewürfelte, entkernte Salatgurke, körniger Frischkäse, Feta oder auch getrocknete Tomaten peppen den Salat nach Gusto auf.

SIMPEL
20 Min.
+ 20 Min.
Garzeit

► Verfasser: MONIKAKAO, WEB: CK-MAG.DE/220419

Orientalischer Kartoffelsalat mit Minze ★★★★½

Pro Portion 403 KCAL

ZUTATEN (4 Portionen)

1 kg festkochende Kartoffeln
Salz, Pfeffer
4 Tomaten
4 Frühlingszwiebeln
1 Bund glatte Petersilie
1 Bund Minze (siehe Tipp)
Saft von **1** Zitrone
100 ml Olivenöl

VEGAN

1. **Kartoffeln** gründlich waschen und ungeschält in kochendem Salzwasser 20 Min. garen. Abgießen, ausdampfen lassen und je nach Größe halbieren oder vierteln. In eine Schüssel geben.

2. **Tomaten** vierteln, entkernen und würfeln. **Frühlingszwiebeln** putzen und fein schneiden. **Petersilien-** und **Minzeblätter** abzupfen und fein schneiden. Alles zu den **Kartoffeln** geben.

3. **Zitronensaft, Salz, Pfeffer** und **Öl** mit einem Schneebesen verquirlen, über die Salatzutaten gießen und gut mischen. Salat nach Belieben 1 Std. durchziehen lassen.

Pro Portion ca. 1,32 €

ANJABIRGIT: „Auch Kreuzkümmel und Ingwer passen sehr gut dazu."

Tipp

Minimalismus bei Minze: Dosieren Sie das Kraut sparsam, damit die Minze nicht alles mit ihrem intensiven Aroma übertönt. Eine Handvoll Blätter fein schneiden, die Hälfte in den Salat geben, die andere Hälfte zum Nachwürzen auf den Tisch stellen.

SIMPEL
15 Min.

► Verfasser: PATTY89, WEB: CK-MAG.DE/440421

Chicoréesalat mit Äpfeln

Pro Portion 223 KCAL

ZUTATEN (4 Portionen)

300 g Chicorée

300 g Äpfel (z. B. Elstar)

200 g Sauerrahm

200 g Naturjoghurt

1 Tl Honig

1 Tl Senf

2 Tl frische Kräuter (z. B. Dill, Schnittlauch oder Petersilie)

½ Tl Salz

Saft von **1** Zitrone

16 Nüsse (z. B. Cashew- oder Walnüsse)

VEGGIE

1. **Chicorée** putzen, waschen, in 0,5 cm breite Streifen schneiden. **Äpfel** waschen, vierteln, entkernen und fein würfeln.

2. **Sauerrahm, Joghurt, Honig** und **Senf** in einer Schüssel mit dem Schneebesen verrühren. **Kräuter** unterheben und mit **Salz** und **Zitronensaft** abschmecken.

3. Dressing über den Salat geben und gut durchmischen. Die **Nüsse** grob hacken und darüberstreuen.

Pro Portion ca. 1,34 €

SIMPEL
20 Min.
+ 1 Std.
Garzeit

► Verfasser: GABIPAN, WEB: CK-MAG.DE/160216

Warmer Krautsalat mit Speck

Pro Portion 113 KCAL

ZUTATEN (4–6 Portionen)

1 kleiner Weißkohl (ca. 1,2 kg)
1 mittelgroße Zwiebel
100 g durchwachsener Speck
2 Tl Zucker
ca. **5 El** Essig
Salz, Pfeffer aus der Mühle
ca. **1 Tl** Kümmelsamen

1. **Weißkohl** putzen, erst in ca. 2 cm dicke Spalten und diese dann quer in ca. 2 mm dünne nudelartige Streifen schneiden. **Zwiebel** und **Speck** würfeln.

2. **Speck** in einem großen Topf auslassen, **Zwiebel** dazugeben und glasig andünsten. Mit **Zucker** bestreuen, kurz karamellisieren lassen. Mit 4 El **Essig** ablöschen, 300 ml warmes Wasser angießen und aufkochen.

3. **Kohlstreifen**, ca. 2 Tl **Salz, Pfeffer** und **Kümmel** dazugeben, alles gut vermischen. Zugedeckt ca. 45 Min. garen, zwischendurch mehrmals umrühren.

4. Krautsalat mit **Salz, Pfeffer** und dem restlichen **Essig** abschmecken, anschließend noch ca. 15 Min. auf der ausgeschalteten Herdplatte durchziehen lassen. Lauwarm servieren. Passt als Beilage zu Schweinebraten, Bratwurst oder Frikadellen.

Pro Portion
ca. 0,63 €

Vegetarische Hauptgerichte

SIMPEL
40 Min.

► Verfasser: SONJA, WEB: CK-MAG.DE/090514

Überbackene Kräuter-Eier ★★★★

Pro Portion 202 KCAL

ZUTATEN (4 Portionen)

12 Eier (Kl. L)

6 El gehackte Kräuter nach Belieben (z. B. Petersilie, Dill, Schnittlauch)

150 g weiche Butter

Salz, Pfeffer

6 El Semmelbrösel

75 g geriebener Emmentaler

VEGGIE

1. **Eier** anpiken und 10 Min. hart kochen. Abschrecken und abkühlen lassen.

2. **Eier** ungepellt mit einem großen, sehr scharfen Messer längs halbieren und das Innere vorsichtig aus den Schalen lösen. Eigelb durch ein feines Sieb streichen. Eiweiß fein würfeln.

3. **Eigelb, Eiweiß, Kräuter** und 140 g **Butter** mischen. Mit **Salz** und **Pfeffer** würzen und in die Eierschalen füllen. **Semmelbrösel** mit **Käse** mischen und darüberstreuen. Restliche **Butter** in Flöckchen darauf verteilen.

4. Eierhälften dicht an dicht (damit sie nicht umfallen) in eine Auflaufform setzen und im heißen Ofen bei 200 Grad (Umluft 180 Grad) ca. 10 Min. überbacken.

Pro Portion ca. 1,41 €

MATSEDEL: „Gab es bei mir als Vorspeise, ist sehr gut angekommen!"

Tipp Wenn mal die Zeit für das sorgfältige Aushöhlen der Eier fehlt: Eiermischung auf Toastscheiben streichen und mit den Käsebröseln überbacken.

SIMPEL
15 Min.

Cremige Käsespätzle

Pro Portion 580 KCAL

ZUTATEN (2 Portionen)

1 Pck. frische Spätzle (Kühlregal, 400 g)
Salz, Pfeffer
1 Zwiebel
1 El Öl
100 ml Milch
50 ml Schlagsahne
¼ Tl gekörnte Gemüsebrühe
1 Msp. Muskat
50 g geriebener Emmentaler
2 El gehackte Petersilie

1. **Spätzle** nach Packungsanweisung in Salzwasser garen. Abschrecken, abtropfen lassen und beiseitestellen.

2. **Zwiebel** fein würfeln. **Öl** in einem Topf erhitzen, **Zwiebel** darin glasig dünsten. **Milch** und **Sahne** zufügen, aufkochen lassen und mit **Brühe, Salz, Pfeffer** und **Muskat** würzen.

3. **Geriebenen Käse** in der Sahnesauce unter Rühren schmelzen lassen. **Spätzle** untermischen und kurz erhitzen. Mit **Petersilie** bestreuen. Dazu passt grüner Salat.

VEGGIE

Pro Portion ca. 1,27 €

Tipp

Prima mit Pilzen! Sehr lecker sind die Spätzle mit gebratenen Pilzen. 250 g Champignons oder Kräuterseitlinge in 1 El Butter 5 Minuten braten, salzen, pfeffern und zum Schluss unter die Spätzle heben.

SIMPEL
20 Min.

► Verfasser: DSCHAESSI, WEB: CK-MAG.DE/340317

Eimuffins ★★★½

Pro Portion 115 KCAL

ZUTATEN (6 Portionen)

4 Eier (Kl. M)

100 g Feta

2 El Schnittlauchröllchen

Salz, Pfeffer aus der Mühle

VEGGIE

1. **Eier** verquirlen. **Feta** mit einer Gabel zerdrücken und unterrühren. **Schnittlauch** unterrühren, mit **Salz** und **Pfeffer** würzen.

2. Masse in sechs gefettete Muffinförmchen füllen und im heißen Backofen bei 180 Grad (Umluft 160 Grad) 15–18 Min. backen.

Pro Portion ca. 0,43 €

NORMAL
35 Min.

Kartoffelgyros ★★★★½

Pro Portion 509 KCAL

ZUTATEN (2 Portionen)

750 g Kartoffeln
2 El Öl
je 1 kleine rote, gelbe und grüne Paprikaschote
1 Knoblauchzehe
½ Zwiebel
1 Tl Gyrosgewürzmischung
Salz, Pfeffer
½ Tl getrockneter Thymian
100 g Feta

VEGGIE

1. **Kartoffeln** nach Belieben schälen und in Spalten schneiden. **Öl** in einer Pfanne erhitzen, **Kartoffeln** darin unter Wenden 20 Min. goldbraun braten.

2. **Paprikaschoten** putzen und in Streifen schneiden. **Knoblauch** und **Zwiebel** fein würfeln. **Paprika, Zwiebel** und **Knoblauch** 10 Min. vor Ende der Garzeit zu den **Kartoffeln** geben und mitbraten.

3. **Kartoffeln** mit **Gyrosgewürz** sowie wenig **Salz** und **Pfeffer** würzen. **Thymian** kurz vor Ende der Garzeit untermischen. **Käse** zerbröckeln und darüberstreuen. Sofort servieren.

Pro Portion ca. 2,00 €

ONEELINE: „Besonderer Clou: Das Ganze mit Zwiebelringen garnieren."

Tipp

Gute Begleiter: Zum Kartoffelgyros schmeckt ein griechischer Salat. Statt Feta als Topping können Sie auch Tsatsiki dazu reichen.

Hauptgerichte mit Fleisch

SIMPEL
1 Std.
45 Min.

► Verfasser: FEUERVOGEL, WEB: CK-MAG.DE/181120

Kürbis-Zwiebelkuchen ★★★★

Pro Portion 540 KCAL

ZUTATEN (4 Portionen)

Für den Teig
300 g Mehl
20 g frische Hefe
½ Tl Zucker
Salz
2 El Öl

Für den Belag
1 roter Apfel
300 g Muskatkürbis (geputzt)
2 Zwiebeln
150 g Crème fraîche
Salz, Pfeffer
50 g Rucola
50 g Tiroler Speck in Scheiben

1. **Mehl** in eine Schüssel geben, in die Mitte eine Mulde drücken. **Hefe** hineinbröckeln, 2 EL lauwarmes Wasser und **Zucker** zugeben und mischen, sodass ein kleiner Kloß entsteht. Mit einem Tuch bedeckt an einem warmen Ort 15 Min. gehen lassen oder ohne Abdeckung 4 Min. bei 80 Watt in die Mikrowelle stellen.

2. Teig mit 130 ml Wasser, 1 Prise **Salz** und **Öl** mit den Knethaken des Handrührers so lange kneten, bis er sich vom Schüsselrand löst. Mit etwas **Mehl** bestäuben und 30 Min. zugedeckt gehen lassen oder ohne Abdeckung 8 Min. bei 80 Watt in die Mikrowelle stellen.

3. Für den Belag inzwischen den **Apfel** mit einem Ausstecher entkernen. **Kürbis** schälen und fein hobeln. **Zwiebeln** ebenfalls fein hobeln.

4. Auf einer bemehlten Arbeitsfläche den Teig nochmals gut durchkneten und auf Backblechgröße ausrollen. Auf ein mit Backpapier belegtes Blech legen. **Crème fraîche** mit **Salz** und **Pfeffer** würzen und auf den Teig streichen. **Kürbis, Apfel** und **Zwiebel** darauf verteilen. Mit **Salz** und **Pfeffer** würzen. Im heißen Ofen bei 220 Grad (Umluft 200 Grad) auf der untersten Schiene 35–45 Min. backen.

5. **Rucola** putzen, waschen, gut trocken schleudern. Mit dem **Tiroler Speck** auf dem Zwiebelkuchen verteilen und sofort servieren.

Pro Portion ca. 1,21 €

VALA_MALDORAN: „Sehr lecker auch mit zusätzlich Schafskäse und gebratenem Speck mit Walnüssen."

SIMPEL
20 Min.

► Verfasser: GABIPAN, WEB: CK-MAG.DE/360715

Wurstfleckerl

Pro Portion 920 KCAL

ZUTATEN (4 Portionen)

500 g Nudeln (z. B. Fusilli)

Salz, Pfeffer

750 g gemischte Wurstsorten (z. B. Braunschweiger, Hartwurst, Bratwürste, Speck, Schinken)

1–2 Knoblauchzehen

1 El Öl

2 Tl edelsüßes Paprikapulver

2 El gehackte Petersilie

1. **Nudeln** nach Packungsanweisung in reichlich kochendem Salzwasser bissfest garen.

2. In der Zwischenzeit **Wurst, Speck** und/oder **Schinken** zusammen mit dem **Knoblauch** im Mixer zu groben Stücken zerkleinern.

3. **Nudeln** abgießen und abtropfen lassen, dabei etwas Kochwasser auffangen. **Öl** im Nudeltopf erhitzen, Wurstmischung darin unter Wenden kurz und kräftig anbraten.

4. 150–200 ml Nudelwasser zufügen, aufkochen. **Paprikapulver** und **Petersilie** zufügen. Wurstsauce und **Nudeln** mischen, mit **Salz** und **Pfeffer** abschmecken.

Pro Portion ca. 2,09 €

Tipp

Was sind eigentlich Fleckerl? Fleckerl sind eine österreichische rautenförmige Nudelspezialität. Wir haben Fusilli zur Wurstsauce verwendet, weil sie die Sauce gut aufnehmen und sie überall erhältlich sind.

SIMPEL
30 Min.

► Verfasser: HEIMWERKERKÖNIG, WEB: CK-MAG.DE/231016

Fladenbrot mit Hack-Gemüse-Füllung

Pro Portion 624 KCAL

ZUTATEN (4 Portionen)

1 Knoblauchzehe
1 Zwiebel
200 g Möhren
1 Bund Frühlingszwiebeln
1 Fladenbrot
1 El Öl
400 g Rinderhackfleisch
1 Pck. Tomatenpüree mit Kräutern (370 g)
Salz, Pfeffer aus der Mühle
½ Eisbergsalat
10 grüne Oliven mit Paprikafüllung
1 Bund glatte Petersilie

1. **Knoblauch** und **Zwiebel** fein würfeln. **Möhren** schälen, in dünne Scheiben schneiden. **Frühlingszwiebeln** putzen, in feine Ringe schneiden. **Fladenbrot** im heißen Ofen bei 200 Grad (Umluft 180 Grad) 5–10 Min. knusprig rösten.

2. **Öl** in einer Pfanne erhitzen. **Hackfleisch** darin 4–5 Min. braten. **Knoblauch, Zwiebel, Möhren** und **Frühlingszwiebeln** sowie **Tomatenpüree** untermischen. Mit **Salz** und **Pfeffer** würzen und ca. 10 Min. garen, zwischendurch umrühren.

3. **Salat** putzen und in Streifen schneiden. **Oliven** halbieren. Pfanne vom Herd nehmen, **Salat** und **Oliven** kurz unter die Hackmasse heben.

4. Warmes **Fladenbrot** waagerecht halbieren. Hack-Gemüse-Masse gleichmäßig auf der Brotunterseite verteilen.

5. **Petersilienblätter** abzupfen und darüberstreuen. Brotoberseite in 8 Tortenstücke schneiden und darauflegen. (Nach Belieben können Sie auch die Unterseite in Portionsstücke schneiden.)

Pro Portion ca. 3,16 €

NORMAL
45 Min.
+ 1 Std.
Garzeit

► Verfasser: KLOVESM, WEB: CK-MAG.DE/430217

Gefüllte Paprika mit Hähnchen und Mozzarella ★★★★½

Pro Portion 250 KCAL

ZUTATEN (4 Portionen)

4 rote Paprikaschoten
450 g Hähnchenbrustfilet
300 g Möhren
je 1 weiße und rote Zwiebel
1 El Olivenöl
2 El Tomatenmark
1 El TK-italienische-Kräuter
Salz, Pfeffer
125 g Mozzarella „light"

1. Von den **Paprikaschoten** jeweils einen Deckel abschneiden. **Paprika** aushöhlen und in eine gefettete Auflaufform setzen.

2. **Hähnchenfleisch** waschen, trocken tupfen und fein würfeln. **Möhren** schälen, fein würfeln. **Zwiebeln** fein würfeln.

3. **Öl** in einer Pfanne erhitzen. **Hähnchenfleisch** darin unter Wenden ca. 5 Min. braten. **Zwiebeln** zufügen und ca. 3 Min. mitbraten. **Möhren, Tomatenmark** und **Kräuter** untermischen, alles mit **Salz** und **Pfeffer** würzen und kurz weiterbraten. 100 ml Wasser zufügen und aufkochen.

4. **Mozzarella** abtropfen lassen, in kleine Würfel schneiden und unter die Hähnchenmischung rühren. Ca. 2 Min. mitgaren, bis der Käse zu schmelzen beginnt.

5. Die Hähnchenmischung in den **Paprikaschoten** verteilen. **Schoten** in eine Auflaufform setzen und im heißen Ofen bei 200 Grad (Umluft 180 Grad) 20–25 Min. überbacken. Dazu schmeckt ein gemischter Salat.

Pro Portion ca. 2,54 €

NORMAL
ca. 20 Min.

► Verfasser: SUSI-LECKERMÄULCHEN, WEB: CK-MAG.DE/060217

Mozzarella-Putenröllchen ★★★★

Pro Portion 480 KCAL

ZUTATEN (4 Portionen)

4 dünne Putenschnitzel (à 150 g)

Salz, Pfeffer

60 g Kräuter (Petersilie, Schnittlauch, Basilikum)

2 El Butter

150 g Mozzarella

1 El Öl

200 g Crème fraîche

1 El Zitronensaft

1. **Putenschnitzel** waschen, trocken tupfen und zwischen Frischhaltefolie mit einem Topf flach klopfen, mit **Salz** und **Pfeffer** bestreuen.

2. **Kräuter** fein schneiden, 2 El davon beiseitestellen. 1 El **Butter** in einer Pfanne zerlassen, **Kräuter** damit vermischen. **Fleisch** mit der Kräutermischung bestreichen. **Mozzarella** in dünne Scheiben schneiden, **Schnitzel** damit belegen und zu Rouladen aufrollen. Mit Nadeln oder Holzspießchen feststecken.

3. Restliche **Butter** und **Öl** in einem breiten Topf erhitzen. Rouladen darin bei mittlerer Hitze 4–5 Min. rundherum anbraten. Mit 100 ml Wasser ablöschen und zugedeckt 15 Min. garen.

4. **Crème fraîche** zufügen und weitere 5 Min. schmoren. Sauce mit **Zitronensaft, Salz** und **Pfeffer** abschmecken.

5. Rouladen herausnehmen, Nadeln oder Spießchen herausziehen, die Röllchen aufschneiden. Restliche **Kräuter** zur Sauce geben, mit Rouladen servieren. Dazu passen Kartoffeln und Salat.

Pro Portion ca. 2,31 €

ROMI83: „Hab Kartoffeln dazu gemacht, die ich noch in der Kräuterpfanne etwas angebraten habe."

NORMAL
50 Min.

Kartoffel-Leberkäse-Pfanne mit Spiegelei

Pro Portion 530 KCAL

ZUTATEN (4 Portionen)

750 g kleine festkochende Kartoffeln

1 Bund Frühlingszwiebeln

250 g Leberkäse

4 El Öl

4 getrocknete Tomaten (in Öl)

½ Tl getrockneter Thymian

Salz, Pfeffer

1 ½ El Butter

4 Eier (Kl. M)

2 El gehackte glatte Petersilie

1. **Kartoffeln** schälen und vierteln (siehe Tipp). **Frühlingszwiebeln** putzen und in feine Ringe schneiden. **Leberkäse** würfeln.

2. 2 El **Öl** in einer Pfanne erhitzen, **Frühlingszwiebeln** darin unter Rühren ca. 3 Min. glasig dünsten. **Leberkäse** zufügen, ca. 5 Min. braten. Beides herausnehmen und beiseitestellen.

3. **Kartoffeln** in restlichen 2 El **Öl** bei mittlerer Hitze unter Wenden ca. 20 Min. rundherum braten, bis sie goldbraun und gar sind.

4. **Getrocknete Tomaten** abtropfen lassen, in Streifen schneiden. **Frühlingszwiebeln, Leberkäse, Tomaten** und **Thymian** unter die Kartoffeln heben. Mit **Salz** und **Pfeffer** abschmecken.

5. **Butter** in einer zweiten Pfanne erhitzen und **4 Spiegeleier** darin braten. Mit **Salz** und **Pfeffer** würzen.

6. Kartoffel-Leberkäse-Mischung auf vier Teller verteilen, je 1 Spiegelei daraufgeben. Mit gehackter **Petersilie** bestreuen.

Pro Portion ca. 1,73 €

JONAS: „Sehr gut schmeckt es auch, wenn man das Ei als Rührei untermischt."

Turbo-Tipp Wenn es mal schneller gehen muss, Pellkartoffeln vom Vortag verwenden. Oder Sie garen die Kartoffeln gleich zu Anfang für 15 Minuten in Salzwasser und braten Sie zum Schluss kurz in der Pfanne.

NORMAL
45 Min.

► Verfasser: PRALINCHEN, WEB: CK-MAG.DE/470715

Karibischer Hacktopf mit Bananen

Pro Portion 453 KCAL

ZUTATEN (4 Portionen)

2 rote Paprikaschoten
1 Apfel
5 Tomaten (ca. 400 g)
2 Zwiebeln
2 Knoblauchzehen
2 El Öl
400 g Rinderhackfleisch
Salz
ca. 1 Tl edelsüßes Paprikapulver
½–1 Tl getrockneter Thymian
1 Prise Nelkenpulver
1 Prise Cayennepfeffer
1 Stückchen Bio-Zitronenschale
250 ml Fleischbrühe
50 g Mandeln
2 Bananen

1. **Paprika** putzen. **Paprika, Apfel** und **Tomaten** würfeln. **Zwiebeln** und **Knoblauch** fein würfeln.

2. **Öl** in einem Topf erhitzen, **Hackfleisch** darin unter Wenden krümelig anbraten. **Zwiebeln** und **Knoblauch** zufügen, kurz mitbraten.

3. **Tomaten-, Paprika-** und **Apfelwürfel** zufügen. Alles unter Rühren ca. 5 Min. andünsten. Mit **Salz, Paprikapulver, Thymian, Nelkenpulver** und **Cayennepfeffer** würzen.

4. **Zitronenschale** und **Brühe** zufügen, aufkochen. Hacktopf ca. 15 Min. köcheln lassen.

5. In der Zwischenzeit **Mandeln** grob hacken und in einer Pfanne ohne Fett leicht anrösten. **Bananen** in Scheiben schneiden.

6. Kurz vor dem Servieren **Bananen** unter den Hacktopf heben. Abschmecken und mit **Mandeln** bestreuen.

NORMAL
30 Min.
+ 40 Min.
Gehzeit
+ 15 Min.
Backzeit

► Verfasser: MICKYJENNY, WEB: CK-MAG.DE/150315

Bergsteigerpizza

Pro Portion 690 KCAL

ZUTATEN (4 Portionen)

1 Pizzateig, selbstgemacht oder gekauft

Für den Belag

100 g Frischkäse

50 ml Schlagsahne

Salz, Pfeffer

150 g milder roher Schinken

150 g Bergkäse (z. B. Appenzeller, Greyerzer)

1 El Schnittlauchröllchen

1. **Pizzateig** je nach Rezept zubereiten bzw. vorbereiten.

2. Für den Belag **Frischkäse** mit **Sahne** verrühren, salzen und pfeffern. **Schinken** und **Bergkäse** in kleine Würfel schneiden.

3. Ausgerollten Teig mit Frischkäsecreme bestreichen, mit **Schinken** und **Käse** bestreuen. Im heißen Ofen bei 250 Grad (Umluft 230 Grad) auf der zweiten Schiene von unten 12–15 Min. backen. Mit **Schnittlauch** bestreuen.

Pro Portion ca. 4,58 €

NORMAL
30 Min.
+ 15 Min.
Backzeit

Kürbis-Gnocchi-Auflauf mit Hack ★★★★★

Pro Portion 1285 KCAL

ZUTATEN (2 Portionen)

½ Hokkaidokürbis (ca. 500 g)
1 Zwiebel
1 El Olivenöl
300 g gemischtes Hackfleisch
Salz, Pfeffer aus der Mühle
1 Tl Currypulver
1 Msp. Chilipulver
1 Knoblauchzehe
1 El Tomatenmark
250 ml Gemüsebrühe
2–3 Stiele Basilikum
100 g Crème fraîche
1 Pck. Gnocchi (Kühlregal, 500 g)
125 g Mozzarella

1. **Kürbis** entkernen und in mundgerechte Würfel schneiden. **Zwiebel** fein würfeln.

2. **Öl** in einer Pfanne erhitzen, **Zwiebel** darin 2 Min. glasig dünsten. **Hack** ca. 5 Min. mitbraten. Mit **Salz, Pfeffer, Curry** und **Chili** würzen und **Knoblauch** dazupressen. **Tomatenmark** 2–3 Min. mit anschwitzen.

3. **Brühe** angießen, **Kürbis** zufügen. Zugedeckt ca. 8 Min. garen. **Basilikumblätter** abzupfen, bis auf einige zum Garnieren fein hacken.

4. **Crème fraîche, Gnocchi** und gehacktes **Basilikum** zur Kürbis-Hack-Mischung geben. Alles gut vermengen und in einer Auflaufform verteilen.

5. **Mozzarella** abtropfen lassen, in Scheiben schneiden und auf dem Auflauf verteilen. Im heißen Ofen bei 200 Grad (Umluft 180 Grad) ca. 15 Min. überbacken. Mit beiseitegelegten **Basilikumblättern** garnieren.

BADEGAST1: „Ich habe nach der halben Zeit einen Becher Schmand darauf verteilt für eine schöne Sauce."

NORMAL
1 ¼ Std.

► Verfasser: AURORA, WEB: CK-MAG.DE/151220

Kohlrabi-Lasagne ★★★★

Pro Portion 518 KCAL

ZUTATEN (4 Portionen)

1 Zwiebel

1 Knoblauchzehe

je 1 Stiel Thymian, Majoran und Oregano oder **je 1 gestrichener TL** getrocknete Kräuter

2 El Öl

300 g Rinderhackfleisch

1 Dose stückige Tomaten (400 g)

Salz, Pfeffer aus der Mühle

2 El Butter

2 El Mehl

300 ml Milch

1–2 Prisen Muskat

3–4 Kohlrabi

150 g geriebener Emmentaler

1. **Zwiebel** und **Knoblauch** fein würfeln. **Kräuterblätter** abzupfen und fein hacken.

2. **Öl** in einer Pfanne erhitzen, **Hackfleisch** darin portionsweise krümelig-braun anbraten, herausnehmen. **Zwiebel, Knoblauch** und **Kräuter** zur letzten Portion **Hack** in die Pfanne geben und mit anbraten. Gesamtes **Hack** wieder in die Pfanne geben, **Tomaten** unterrühren. Hackfleischsauce bei milder Hitze 20–30 Min. einkochen lassen. Mit **Salz** und **Pfeffer** würzen.

3. Für die Béchamelsauce **Butter** in einem Topf erhitzen. **Mehl** einrühren und kurz anschwitzen. **Milch** unter Rühren nach und nach zugießen, aufkochen und 10 Min. unter gelegentlichem Rühren köcheln lassen. Mit **Muskat** und **Salz** abschmecken.

4. **Kohlrabi** schälen und in 3–5 mm dünne Scheiben schneiden. Boden einer gefetteten Auflaufform mit Kohlrabischeiben auslegen, etwas Hacksauce darauf verteilen, mit **Käse** bestreuen. So fortfahren, bis **Hack, Kohlrabi** und ein Großteil vom **Käse** verbraucht sind. Lasagne mit Béchamelsauce übergießen, mit restlichem **Käse** bestreuen und im heißen Ofen bei 200 Grad (Umluft 180 Grad) 25–30 Min. überbacken.

Pro Portion ca. 2,75 €

NORMAL
30 Min.
+ 40 Min.
Gehzeit
+ 15 Min.
Backzeit

▶ Verfasser: ALINA1ST, WEB: CK-MAG.DE/140315

Pizza Diavolo

Pro Portion 660 KCAL

ZUTATEN (4 Portionen)

1 Pizzateig, selbstgemacht oder gekauft

1 Pizzasauce, selbstgemacht oder gekauft

Für den Belag

je 1 rote und gelbe Paprikaschote

1 El Öl

Salz, Pfeffer

Cayennepfeffer oder Chiliflocken nach Belieben

2 Zwiebeln

6 eingelegte Peperoni

100 g italienische Salami in feinen Scheiben

250 g Mozzarella

einige frische Basilikumblättchen

1. **Pizzateig** und **Sauce** vorbereiten.

2. Für den Belag **Paprikaschoten** putzen, in Streifen schneiden und in einer Pfanne im heißen **Öl** ca. 5 Min. andünsten. Mit **Salz, Pfeffer** und **Cayennepfeffer** oder **Chiliflocken** kräftig würzen.

3. **Zwiebeln** halbieren und in dünne Scheiben schneiden, **Peperoni** abtropfen lassen, in Ringe schneiden.

4. Ausgerollten **Teig** mit **Pizzasauce** bestreichen, mit **Paprika, Zwiebeln** und **Peperoni** belegen, **Salami** evtl. etwas kleiner schneiden und darauf verteilen.

5. Abgetropften **Mozzarella** in Scheiben schneiden und auf der Pizza verteilen. Im heißen Ofen bei 250 Grad (Umluft 230 Grad) auf der zweiten Schiene von unten 12–15 Min. backen. Mit **Basilikumblättchen** bestreuen.

Pro Portion ca. 2,56 €

STEFFI0109: „Sehr zu empfehlen! Habe als Vegetarier statt Salami Ziegenkäse genommen."

Tipp **Variante für Thunfischfans:** Die Kombi aus Paprika, Zwiebeln und Peperoni passt auch perfekt zu Thunfisch aus der Dose. Am besten Thunfisch im eigenen Saft verwenden, das spart ganz nebenbei Kalorien.

Hauptgerichte mit Fisch

SIMPEL
25 Min.

► Verfasser: VINIFERIA, WEB: CK-MAG.DE/410214

Schweden-Pizza mit Lachs

Pro Portion 923 KCAL

ZUTATEN (4 Portionen)

2 Pk. Blätterteig (oder 1 Rolle aus dem Kühlregal, ca. 270 g)

400 g geräucherter Lachs

4 Eier (Kl. M)

400 g geraspelter Käse, z. B. Gruyère

Meersalz

frisch gemahlener weißer Pfeffer

frisch geriebene Muskatnuss

½ Bund Dill

1. **Blätterteig** auf ein gefettetes Backblech legen. **Lachs** in Stückchen zupfen und auf dem Teig verteilen.
2. **Eier** mit **Käse**, etwas **Salz, Pfeffer** und **Muskat** verquirlen und die Masse über den Teig geben. Pizza im heißen Ofen bei 200 Grad (Umluft nicht empfehlenswert) ca. 10 Min. auf dem Ofenboden und weitere 10 Min. auf der mittleren Schiene backen.
3. **Dill** hacken und die Pizza damit bestreuen.

Pro Portion ca. 4,32 €

BAVARIANGOURMET: „Habe das Rezept abgewandelt, indem ich noch Zwiebeln über den Lachs gegeben habe. Super schnell, einfach und doch so wahnsinnig schmackhaft."

Tipp

Nehmen Sie Ihren Lieblingsteig! Kein Blätterteig-Fan? Sie können dieses Gericht auch mit Pizza- oder Flammkuchenteig aus dem Kühlregal zubereiten. Und falls von der Schweden-Pizza mal ein Happen übrig bleibt: Sie ist auch kalt ein Genuss.

NORMAL
15 Min.
+ 30 Min.
Garzeit

► Verfasser: ARTHURDENT42, WEB: CK-MAG.DE/311117

Seelachs bordelaise ★★★★

Pro Portion 560 KCAL

ZUTATEN (4 Portionen)

2 Frühlingszwiebeln
140 g weiche Butter
3 El getrockneter Estragon
100 g Semmelbrösel
Salz, Pfeffer aus der Mühle
800 g Seelachsfilet

1. **Frühlingszwiebeln** putzen und in feine Ringe schneiden (siehe Tipp). **Butter** mit den Quirlen des Handrührers schaumig rühren. **Estragon** unterrühren. **Semmelbrösel** und **Frühlingszwiebeln** zufügen und alles mit einem Kochlöffel zu einer krümeligen Masse vermischen. Mit **Salz** und **Pfeffer** abschmecken.

2. **Seelachsfilet** waschen, trocken tupfen und in 4 Portionen schneiden. Nebeneinander in eine gefettete, flache Auflaufform legen und leicht salzen. Bröselmasse auf dem Fisch verteilen, leicht andrücken. Im heißen Ofen bei 200 Grad (Umluft 180 Grad) ca. 30 Min. überbacken. Dazu passen Salzkartoffeln und Blattspinat.

Pro Portion ca. 2,02 €

ARTHURDENT42: „Man kann unter die Kruste auch getrocknete Tomaten oder Oliven mischen."

Tipp

Kleiner ist feiner! Besonders gleichmäßig wird die Bröselmasse, wenn Sie die Frühlingszwiebelringe noch fein hacken. Alternativ können Sie auch eine fein gewürfelte Zwiebel verwenden.

NORMAL
40 Min.

Japanischer gegrillter Lachs mit Teriyakisauce ★★★★½

Pro Portion 355 KCAL

ZUTATEN (4 Portionen)

4 Lachsfilets (à 150 g)

2 Tl Zucker

2 El Sake (japanischer Reiswein), Weißwein oder trockener Sherry

2 El Mirin (japanischer süßer Reiswein)

4 El japanische Sojasauce

2 El neutrales Öl

1 Stück weißer Rettich (15 cm)

1 Beet Kresse

evtl. **1 El** schwarzer Sesam

1. **Lachsfilets** waschen, trocken tupfen und in eine Schale legen.

2. Für die Teriyakisauce **Zucker, Sake, Mirin** und **Sojasauce** verrühren, bis sich der **Zucker** gelöst hat. **Lachs** mit Sauce übergießen und 10 Min. marinieren. Dabei mehrmals wenden.

3. **Öl** in einer beschichteten Pfanne erhitzen, **Fisch** etwas abtropfen lassen und darin von jeder Seite 3 Min. braten. Überschüssiges **Öl** abgießen und restliche Marinade in die Pfanne geben. Aufkochen und vom Herd ziehen. **Fisch** weitere 2–3 Min. ziehen lassen.

4. **Rettich** schälen und grob raspeln. **Kresse** vom Beet schneiden. **Lachs** auf Tellern oder einer Platte anrichten, mit Sauce übergießen. Mit **Kresse, Rettich** und nach Belieben **Sesam** bestreuen.

Pro Portion
ca. 1,70 €

SZAMOVAR: „Wenn ich Zeit habe, lasse ich den Lachs ein paar Stunden in der Marinade und koche die Sauce noch leicht ein."

Tipp

Abkürzung: Mit fertiger Teriyakisauce schmeckt es auch. Und Veggies freuen sich über Tofuschnitzel statt Fisch. Dafür einfach die Marinade ebenso anwenden.

NORMAL
40 Min.

Lachsfilet mit Kräutersauce und Brokkoli ★★★★

Pro Portion 1111 KCAL

ZUTATEN (4 Portionen)

300 g Langkornreis
500 g Brokkoli
Salz, Pfeffer
8 Lachsfilets mit Haut (à 180 g)
½ Bund Petersilie
½ Bund Dill
1-2 EL neutrales Öl
1 EL Butter
1 EL Mehl
150 g Kräuterfrischkäse

1. **Reis** nach Packungsanweisung garen. In der Zwischenzeit **Brokkoli** putzen in Röschen teilen und in Salzwasser bissfest garen. **Fisch** waschen und trocken tupfen. **Kräuter** waschen, trocken schütteln und fein schneiden.

2. **Öl** in einer beschichteten Pfanne erhitzen und den **Lachs** darin von jeder Seite 2–3 Min. hellbraun braten.

3. **Butter** in einem Topf zerlassen. **Mehl** darin anschwitzen und glatt rühren. 100 ml Wasser, **Frischkäse, Petersilie** und **Dill** unterrühren. 3–5 Min. bei milder Hitze köcheln lassen.

4. **Fisch** mit **Reis, Brokkoli** und Sauce anrichten.

Pro Portion ca. 3,90 €

JENSINHO87: „Schmeckt auch den Kindern richtig gut."

SIMPEL
30 Min.

Spinat-Lachs-Omelett

Pro Portion 663 KCAL

ZUTATEN (2 Portionen)

2 Handvoll Babyspinat

1 kleine rote Zwiebel

1 Stiel Dill

150 g geriebener Käse (z. B. Gouda)

3 Eier (Kl. M)

Salz, Pfeffer

1 Msp. Chilipulver

2 Tl neutrales Öl

100 g Frischkäse

4 Scheiben Räucherlachs

1. **Spinat** putzen. **Zwiebel** halbieren und in Streifen schneiden. **Dillspitzen** abzupfen.

2. **Käse** und **Eier** verquirlen, mit **Salz, Pfeffer** und **Chili** würzen. Aus der Eiermasse in einer beschichteten Pfanne in je 1 TL **Öl** nacheinander 2 Omeletts backen.

3. **Frischkäse** glatt rühren und mit **Salz** und **Pfeffer** würzen. Auf die lauwarmen Omeletts streichen und mit je 2 Scheiben **Räucherlachs** belegen. **Dill, Spinat** und **Zwiebel** darauf verteilen und Omeletts fest aufrollen.

Pro Portion ca. 4,69 €

KARINKNORR: „Bei mir gibt es dieses Rezept oft zum Brunch. Man kann es gut zusammenrollen und über Nacht im Kühlschrank lassen."

SIMPEL
25 Min.

Bandnudeln mit Lachs-Sahne-Sauce

Pro Portion 930 KCAL

ZUTATEN (4 Portionen)

500 g Lachsfilet (frisch oder TK, aufgetaut)
400 g Tagliatelle
Salz
60 g Butter
300 ml Schlagsahne
2 Tl gekörnte Gemüsebrühe
2 Tl Tomatenmark
weißer Pfeffer

1. **Lachs** waschen, trocken tupfen und in Stücke schneiden. **Nudeln** in kochendem Salzwasser nach Packungsanweisung bissfest garen.

2. **Butter** in einer Pfanne erhitzen, Lachswürfel darin ca. 5 Min. rundherum anbraten. **Sahne** dazugießen. Mit **Brühe, Tomatenmark** und **Pfeffer** würzen, kurz aufkochen.

3. **Pasta** abgießen und abtropfen lassen. Mit der Lachs-Sahne-Sauce servieren.

LISSY: „Den Lachs habe ich einfach in der Sauce mitgekocht."

Snacks

Toast-Muffins mit Ei und Speck
Zucchini-Schinken-Rührei auf Brot
Weißwurst-Brezel-Röllchen
Croque Madame

SIMPEL
15 Min.
+ 25 Min.
Backzeit

► Verfasser: FEUERVOGEL, WEB: CK-MAG.DE/100215

Toastmuffins mit Ei und Speck

Pro Portion 295 KCAL

ZUTATEN (4 Portionen)

4 El Olivenöl

4 Scheiben Toastbrot

4 Tl mittelscharfer Senf

4 Scheiben Frühstücksspeck (Bacon)

3 Tl Thymianblättchen

4 Eier (Kl. M)

1. Vier Mulden eines Muffinblechs mit dem **Öl** einfetten. **Toast** nach Wunsch entrinden. Jede Scheibe mit einer Teigrolle möglichst flach rollen und vorsichtig in eine der Mulden drücken.

2. Toast-„Körbchen" jeweils mit 1 Tl **Senf** bestreichen, mit je 1 Scheibe **Speck** auslegen und mit **Thymian** bestreuen. Jeweils 1 **Ei** hineinschlagen.

3. Muffins im heißen Ofen bei 160 Grad (Umluft 140 Grad) 25–30 Min. backen, bis das **Ei** gestockt ist. Vorsichtig aus der Form lösen und noch warm servieren.

AW95LX: „Ich habe sie mit gewürfeltem Speck zubereitet."

Tipp

Ei, wie frisch! Je frischer ein Ei ist, desto besser für dieses Rezept. Machen Sie den Hörtest: Rohes Ei schütteln. Frische Eier geben keinen Mucks von sich, ältere Eier „glucksen".

SIMPEL
15 Min.

► Verfasser: ROCKY73, WEB: CK-MAG.DE/130216

Zucchini-Schinken-Rührei auf Brot ★★★★½

Pro Portion 540 KCAL

ZUTATEN (2 Portionen)

1 kleine Zwiebel
50 g roher Schinken
½ kleine Zucchini
1 Knoblauchzehe
1 kleiner Zweig Rosmarin
2 El Öl
3 Eier (Kl. M)
1 El geriebener Parmesan
Salz, Pfeffer aus der Mühle
4 Scheiben Bauernbrot

1. **Zwiebel** fein würfeln, **Schinken** würfeln. **Zucchini** putzen, grob raspeln. **Knoblauch** fein hacken. **Rosmarinnadeln** vom Zweig zupfen und fein hacken.

2. **Öl** in einer Pfanne erhitzen, **Zwiebel** darin glasig dünsten. **Schinken** zugeben, kurz anbraten. **Zucchini, Knoblauch** und **Rosmarin** zugeben, alles ca. 2 Min. andünsten.

3. **Eier** in einer Schüssel mit dem Schneebesen verquirlen. **Parmesan** untermischen, salzen und pfeffern. Auf die Zucchinimischung gießen und unter gelegentlichem Rühren stocken lassen. **Brot** toasten, Zucchini-Schinken-Rührei darauf verteilen.

KAYA1307: „Ein leckeres, leichtes Abendessen. Auch toll mit gekochtem Schinken."

Tipp

Veggie-Variante: Schinken weglassen und stattdessen 100 g Feta zerbröckeln, mit dem Parmesan unter das verquirlte Ei mischen und über die Gemüsemischung gießen.

NORMAL
20 Min.
+ 15 Min.
Backzeit

► Verfasser: CHEFKOCH-VIDEO, WEB: CK-MAG.DE/201017

Weißwurst-Brezel-Röllchen ★★★★

Pro Portion 170 KCAL

ZUTATEN (12 Stück)

1 Rolle frischer Pizzateig (Kühlregal)
3 Weißwürste
3 El Natron
1 Ei (Kl. M)
1-2 El grobes Salz
2-3 El süßer Senf

1. **Teig** entrollen, längs halbieren und quer in 6 Streifen schneiden (ergibt 12 Streifen). **Würste** pellen, jeweils horizontal und einmal vertikal durchschneiden, sodass 12 gleich große Stücke entstehen. Je 1 Wurststück in 1 Teigstreifen einrollen.

2. In einem großen Topf ca. 1,5 l Wasser zum Kochen bringen, **Natron** darin auflösen. Die Wurströllchen hineingeben, 20–30 Sek. ziehen lassen. Röllchen mit einer Schaumkelle herausheben, abtropfen lassen und auf ein mit Backpapier belegtes Backblech legen.

3. **Ei** verquirlen, Röllchen damit bestreichen, mit **Salz** bestreuen. Im heißen Ofen bei 220 Grad (keine Umluft) 15–20 Min. backen. Mit **Senf** servieren.

Pro Stück ca. 0,40 €

Tipp

Ist Wurst! Sie sind kein Weißwurstfreund? Dann wickeln Sie doch Wiener Würstchen ein.

SIMPEL
30 Min.

Croque Madame ★★★★

Pro Portion 510 KCAL

ZUTATEN (4 Portionen)

¼ Salatgurke
2 Tomaten
1 Baguette
4 El Estragonsenf
200 g hauchdünner Putenbrustaufschnitt
4 Scheiben Emmentaler
1 El Butter
4 Eier (Kl. M)
Salz, Pfeffer aus der Mühle
evtl. einige Petersilienblätter

1. **Gurke** und **Tomaten** in Scheiben schneiden. **Baguette** in 4 Stücke schneiden, jeweils waagerecht halbieren. Unterseiten mit **Senf** bestreichen.

2. Unterseiten mit **Tomaten, Putenbrust** und **Käse** belegen. Auf ein Blech geben, Oberseiten danebenlegen und im heißen Ofen bei 220 Grad (Umluft 200 Grad) 5 Min. überbacken, bis der **Käse** geschmolzen ist.

3. **Butter** in einer großen Pfanne erhitzen. 4 Spiegeleier darin braten. Mit **Salz** und **Pfeffer** würzen. Jeweils 1 Spiegelei auf 1 belegtes Baguettestück setzen. Nach Belieben mit **Petersilie** bestreuen. Die Baguette-Oberseiten darauflegen.

Pro Stück ca. 2,37 €

Kuchen, Gebäck & Desserts

Saftiger Orangen-Gugelhupf
Zucchinikuchen
Blätterteig-Apfelschnitten
Waffeln mit heißen Kirschen
Bananenküchlein
Italienischer Zitronenkuchen
Uromas Hefezopf
Bananen-Crumble
Cremiges Joghurteis
Oreo-Tiramisu
Ampfelkompott
Arme Ritter

SIMPEL
20 Min.
+ 45 Min.
Backzeit

► Verfasser: ALINA1ST, WEB: CK-MAG.DE/560215

Saftiger Orangen-Gugelhupf

Pro Stück 265 KCAL

ZUTATEN (16 Stücke)

4 Eier (Kl. M)
250 g Zucker
200 ml Öl
200 ml frisch gepresster Orangensaft (von ca. **4** Orangen)
Abrieb von **2** Bio-Orangen
300 g Mehl
1 Pck. Backpulver
Puderzucker

1. **Eier** und **Zucker** mit den Quirlen des Handrührers dickcremig aufschlagen. **Öl, Orangensaft** und **-schale** unterschlagen. **Mehl** mit **Backpulver** mischen und portionsweise kurz unterrühren.

2. Teig in eine gefettete Gugelhupf- oder Kranzform füllen und im heißen Ofen bei 180 Grad (Umluft 160 Grad) ca. 45 Min. backen.

3. Herausnehmen, 15 Min. in der Form abkühlen lassen, dann auf ein Kuchengitter stürzen. Mit **Puderzucker** bestäuben.

VEGGIE

Pro Stück ca. 0,30 €

HOERSTEL53: „Der saftigste Orangenkuchen, den ich je gegessen habe!"

Tipp Sie können für diesen prächtigen Gugelhupf auch einen Guss mit Puderzucker und Blutorangensaft anrühren. Steht ihm gut!

NORMAL
25 Min.
+ 30 Min.
Backzeit

▶ Verfasser: MIMA53, WEB: CK-MAG.DE/290716

Zucchinikuchen

Pro Stück 300 KCAL

ZUTATEN (16 Stücke)

300 g Zucchini
175 g weiche Butter
160 g Zucker
4 Eier (Kl. M)
200 g Mehl
50 g Speisestärke
10 g Backpulver
1 Tl Zimt
1 Msp. Nelkenpulver
1 Prise Salz
abgeriebene Schale von **½** Bio-Zitrone
80 g gemahlene Mandeln

Für die Glasur

150 g Zartbitterschokolade
1 El Öl
1 gehäufter El Nussnougat-creme

1. **Zucchini** schälen und raspeln. **Butter** und **Zucker** mit den Quirlen des Handrührers schaumig rühren.

2. **Eier** einzeln unterrühren. **Mehl, Stärke, Backpulver, Gewürze** und **Zitronenschale** mischen, kurz unterrühren. **Mandeln** unterheben.

3. Teig in eine gefettete quadratische Springform füllen und im heißen Ofen bei 180 Grad (Umluft 160 Grad) 30–35 Min. backen.

4. Für die Glasur **Schokolade** im heißen Wasserbad schmelzen, mit **Öl** und **Nussnougatcreme** verrühren. Abgekühlten Kuchen damit überziehen, fest werden lassen.

VEGGIE

Pro Stück ca. 0,41 €

Ginni1866: „Habe Schokopuddingpulver statt Speisestärke verwendet."

NORMAL
30 Min.
+ 30 Min.
Backzeit

▶ Verfasser: ROCKY73, WEB: CK-MAG.DE/121016

Blätterteig-Apfelschnitten ★★★★

Pro Stück 380 KCAL

ZUTATEN (16 Stücke)

2 Pck. Blätterteig (Kühlregal, 275 g)
300 g Löffelbiskuits
1,3 kg Äpfel
2 El Zucker
1 Pck. Vanillezucker
½–1 Tl Zimt
50 g Mandelblättchen
50 g Rosinen (evtl. Rumrosinen)
250 g saure Sahne
250 ml Schlagsahne
1 Ei (Kl. M)
1 El Puderzucker

VEGGIE

1. 1 Pck. **Blätterteig** entrollen, auf Backblechgröße ausrollen und eine Fettpfanne damit auslegen. Dicht an dicht mit **Löffelbiskuits** belegen (siehe Tipp).

2. **Äpfel** schälen, vierteln, entkernen und in feine Scheiben schneiden. Mit **Zucker, Vanillezucker, Zimt, Mandelblättchen** und **Rosinen** mischen und auf den Löffelbiskuits verteilen.

3. **Saure Sahne** mit **Schlagsahne** verrühren und gleichmäßig über die **Äpfel** gießen.

4. Übrige Packung **Blätterteig** ebenfalls auf Backblechgröße ausrollen. Auf die Apfelschicht legen. **Blätterteig** mehrmals mit einer Gabel einstechen und mit verquirltem **Ei** bestreichen.

5. Blätterteig-Apfelschnitten im heißen Ofen bei 180 Grad (Umluft 160 Grad) ca. 30 Min. backen. Mit **Puderzucker** bestäuben und lauwarm oder kalt servieren. Dazu schmeckt 1 Kugel Vanilleeis.

Pro Stück ca. 0,51 €

Tipp

Der Keks kann's! Die Löffelbiskuits sorgen dafür, dass der Blätterteigboden nicht durchweicht. Alternative: Zerbröselte Amarettini tun's auch.

NORMAL
30 Min.
+ 20 Min.
Ruhezeit
+ 40 Min.
Backzeit

Waffeln mit heißen Kirschen

Pro Stück 560 KCAL

ZUTATEN (10 Stück)

Für die Waffeln

250 g weiche Butter
50 g Zucker
1 Pck. Vanillezucker
40 g flüssiger Honig
4 Eier (Kl. M)
400 g Mehl
10 g Backpulver
1 Prise Salz
125 ml Milch
125 ml kohlensäurehaltiges Mineralwasser
evtl. **2 Stiele** Minze

Für das Topping

1 Glas Schattenmorellen (680 g)
1 Pck. Tortenguss
2 Pck. Vanillezucker
30 g Zucker
250 ml Schlagsahne
1 Pck. Sahnefestiger

1. **Butter, Zucker, Vanillezucker** und **Honig** mit den Quirlen des Handrührers schaumig rühren. **Eier** einzeln unterrühren. **Mehl, Backpulver** und **Salz** mischen, abwechselnd mit **Milch** und **Mineralwasser** unterrühren. Teig ca. 20 Min. quellen lassen.

2. Für das Topping **Kirschen** samt Saft in einen Topf geben. **Tortenguss**, 1 Pck. **Vanillezucker** und **Zucker** mischen, unterrühren und alles einmal aufkochen lassen. Zugedeckt warm stellen.

3. **Sahne** mit restlichem **Vanillezucker** und **Sahnefestiger** steif schlagen, bis zum Servieren kalt stellen.

4. Waffeleisen auf mittlerer Stufe vorheizen und einfetten. Teig portionsweise hineingeben, jeweils ca. 4 Min. zu goldbraunen Waffeln backen.

5. Waffeln mit den noch heißen **Kirschen** und **Schlagsahne** servieren. Nach Belieben mit **Minzeblättchen** garnieren.

VEGGIE

Pro Stück ca. 0,92 €

TULLALI: „Sehr lecker auch mit Buchweizenmehl."

SIMPEL
25 Min.

Bananenküchlein ★★★★

Pro Portion 444 KCAL

ZUTATEN (4 Portionen)

2 El Butter
2 Eier (Kl. M)
100 ml Milch
1 Tl Zucker
1 Pck. Vanillezucker
200 g Mehl
1 Tl Backpulver
1 Prise Salz
2–3 Bananen
4 El Öl
1–2 Tl Puderzucker

VEGGIE

1. **Butter** in einem kleinen Topf zerlassen, etwas abkühlen lassen. **Eier** und **Milch** mit dem Schneebesen verquirlen. Flüssige **Butter**, **Zucker** und **Vanillezucker** unterrühren. **Mehl, Backpulver** und **Salz** mischen und unter die Eiermilch rühren. **Bananen** in Scheiben schneiden.

2. Aus dem Teig in einer Pfanne im heißen **Öl** 8–12 kleine Pfannkuchen von beiden Seiten goldbraun backen. Dabei jeweils vor dem Wenden 2–3 Bananenscheiben in den auf der Oberseite noch flüssigen Teig drücken. Fertige Pfannkuchen mit **Puderzucker** bestäuben.

Pro Stück ca. 0,51 €

HEDDU: „Diese Pfannkuchen mit Schokocreme bestreichen: mmh, der Hit!"

NORMAL
30 Min.
+ ½ Std.
Kühlzeit
+ 30 Min.
Backzeit

▶ Verfasser: EVA85, WEB: CK-MAG.DE/540217

Italienischer Zitronenkuchen

Pro Stück 272 KCAL

ZUTATEN (12 Stücke)

Für den Mürbeteig

100 g kalte Butter
300 g Mehl
150 g Zucker
1 Ei (Kl. S)
1 Eigelb (Kl. M)

Für die Füllung

2 Bio-Zitronen
2 Eier (Kl. M)
1 Tl weiche Butter
6 El Zucker
ca. **1 El** Puderzucker

VEGGIE

1. Für den Teig **Butter** klein würfeln. **Mehl, Zucker, Ei, Eigelb** und **Butter** in eine Schüssel geben. Erst kurz mit den Knethaken des Handrührers, dann mit den Händen zum Teig verkneten. Teig halbieren und jeweils in Frischhaltefolie wickeln, ca. 30 Min. kalt stellen.

2. Eine Teighälfte auf leicht bemehlter Arbeitsfläche etwas größer als eine Springform (26 cm Ø) ausrollen. Form damit auslegen, dabei einen 2–3 cm hohen Rand formen. Zweite Teighälfte in der passenden Form für einen Deckel ausrollen.

3. Für die Füllung **Zitronenschale** fein abreiben, **Zitronen** auspressen. **Eier, Butter** und **Zucker** in einer hitzefesten Schüssel verrühren. **Zitronenschale** und **-saft** unterrühren. Im heißen Wasserbad mit dem Schneebesen aufschlagen, bis die Masse andickt.

4. Creme auf den Teigboden in der Form gießen, den Teigdeckel darauflegen und am Rand ringsherum etwas andrücken. Im heißen Ofen bei 220 Grad (Umluft 200 Grad) ca. 30 Min. backen. Dick mit **Puderzucker** bestäuben und nach Belieben mit Zitronenschale garnieren.

Pro Stück ca. 0,32 €

EVA85: „Ich rolle den Teigdeckel zwischen Frischhaltefolie aus, nehme die obere Folie ab und stürze so den Deckel auf den Kuchen."

Tipp Fans der Füllung können die Zutaten dafür einfach verdoppeln – so wird der Kuchen nicht nur höher, sondern auch saftiger.

NORMAL
45 Min.
+ 1 Std.
Ruhezeit

▶ Verfasser: DENISEMAMA, WEB: CK-MAG.DE/220421

Uromas Hefezopf ★★★★★

Pro Stück 362 KCAL

ZUTATEN (12 Stücke)

750 g Mehl
375 ml plus **2 EL** Milch
42 g frische Hefe
125 g Zucker
100 g Butter
1 Prise Salz
2 Eier (Kl. M)

VEGGIE

1. Für den Hefeteig **Mehl** in eine Schüssel sieben und in die Mitte eine Mulde drücken. 375 ml **Milch** erwärmen. **Hefe** in 3-4 EL der lauwarmen **Milch** und 1 TL **Zucker** auflösen. Hefemilch in die Mulde geben und mit ein wenig **Mehl** leicht verrühren. Abgedeckt an einem warmen Ort 15 Min. gehen lassen.

2. Übrige Zutaten dazugeben und mit dem Knethaken des Handrührers zu einem glatten, geschmeidigen Teig kneten. Abgedeckt an einem warmen Ort weitere 30-60 Min. gehen lassen, bis sich der Teig verdoppelt hat.

3. Teig auf der bemehlten Arbeitsfläche nochmals durchkneten und in 3 Stücke teilen.

4. Teigstücke zu 3 Strängen rollen, diese an einem Ende zusammendrücken und zu einem Zopf flechten. Enden zusammendrücken, etwas nach unten einschlagen und den Zopf diagonal auf ein mit Backpapier belegtes Backblech legen.

5. Mit 2 EL lauwarmer Milch bestreichen und auf der mittleren Schiene im heißen Ofen bei 200 Grad (Umluft 180 Grad) 20-30 Min. backen.

Pro Stück ca. 0,27 €

DENISEMAMA: „Das Bestreichen mit lauwarmer Milch gibt dem Zopf eine schöne Farbe."

Tipp

Jetzt aber flott! Wenn es schnell gehen soll, lässt sich der Hefeteig auch mit einem Päckchen Trockenhefe ansetzen, das erspart das Anrühren und Warten auf den Vorteig.

SIMPEL
15 Min.
+ 20 Min.
Backzeit

► Verfasser: AMETYST, WEB: CK-MAG.DE/460517

Bananen-Crumble

Pro Portion 721 KCAL

ZUTATEN (4 Portionen)

5 Bananen

100 g dunkle Schokolade (möglichst 74 % Kakaoanteil)

150 g Mehl

80 g Rohrzucker

100 g weiche Butter

4 Kugeln Vanilleeis

1. **Bananen** in kleine Stücke schneiden. **Schokolade** grob hacken, mit den **Bananen** mischen. Mischung in einer Auflaufform oder mehreren ofenfesten Portionsformen verteilen und leicht andrücken.

2. In einer Schüssel **Mehl, Zucker** und **Butter** mit den Händen zu Streuseln verkneten. Auf der Bananen-Schoko-Mischung verteilen. Im heißen Ofen bei 180 Grad (Umluft 160 Grad) ca. 20 Min. backen. Noch warm mit je 1 Kugel **Vanilleeis** servieren.

VEGGIE

Pro Portion ca. 1,20 €

SIMPEL
15 Min.
+ 5 Std.
Gefrierzeit

► Verfasser: JAMJULIE, WEB: CK-MAG.DE/5507´7

Cremiges Joghurteis ★★★★½

Pro Portion 370 KCAL

ZUTATEN (4 Portionen)

250 ml Schlagsahne
130 g Zucker
250 g Vollmilchjoghurt
1 El Cognac oder Orangenlikör
evtl. Früchte, Zitrusschale und Zitronenmelisse zum Garnieren

VEGGIE

1. **Sahne** und **Zucker** in einem kleinen Topf erwärmen, bis sich der **Zucker** gelöst hat. In eine Schüssel umfüllen, abkühlen lassen. **Joghurt** und **Cognac** unterrühren.

2. Masse nach Herstelleranweisung in einer Eismaschine gefrieren lassen. Alternativ 5–7 Std. in den Tiefkühler stellen und dabei alle ca. 60 Min. mit einer Gabel kräftig durchrühren, damit die Eiskristalle schön fein und gleichmäßig werden.

3. Mit einem Eisportionierer Kugeln abstechen. Eis nach Belieben mit **Früchten, Zitrusschale** und **Zitronenmelisse** garnieren.

Pro Portion ca. 0,61 €

MOGNUASCHAUN: „Tolles Basis-Eisrezept, um es mit Beeren zu verfeinern."

Tipp Wird das Eis nicht unmittelbar nach dem Gefrieren verspeist, kann man es im Tiefkühler aufbewahren. Damit es geschmeidiger wird, einige Minuten vor dem Servieren herausnehmen.

Tipp **Topping-Time:** Probieren Sie verschiedene Sachen als köstliches Extra für obendrauf: Knuspermüsli, Gummibärchen, Schokodrops, zerkrümelte Kekse – ganz nach Lust und Laune!

NORMAL
30 Min.
+ 3 Std.
Kühlzeit

► Verfasser: FANNINA, WEB: CK-MAG.DE/4805´8

Oreo-Tiramisu ★★★★

Pro Portion 203 KCAL

ZUTATEN (6 Portionen)

25 dunkle Doppelkekse mit Vanillecremefüllung (z. B. „Oreo") plus evtl. **6** Kekse zum Garnieren

150 g Joghurt

1 Pck. Vanillezucker

3 Tropfen Rumaroma

3 Blatt Gelatine

100 ml starker Kaffee oder Espresso

plus **2–3 El** für die Gelatine

300 ml Schlagsahne

1 El Kakaopulver

1. **Doppelkekse** mit einer Drehbewegung voneinander lösen. Creme mit einem Messer von den Keksen nehmen und in einer Schüssel mit **Joghurt** glatt rühren. **Vanillezucker** und **Aroma** unterrühren.

2. **Gelatine** nach Packungsanweisung in kaltem Wasser einweichen. 25 Kekshälften in einer rechteckigen Form verteilen und mit 50 ml **Kaffee** beträufeln. 2–3 El **Kaffee** erwärmen, **Gelatine** ausdrücken und darin auflösen.

3. **Sahne** steif schlagen. Den Gelatinemix mit einem Schneebesen zügig unter die Joghurtcreme rühren. **Sahne** unterheben. Hälfte der Masse auf den Keksen in der Form verteilen. Restliche 25 Kekshälften daraufgeben. Mit restlichen 50 ml **Kaffee** beträufeln, die restliche Creme darauf verstreichen. Mit **Kakao** bestäuben.

4. Nach Belieben mit halbierten Keksen garnieren. Mindestens 3 Std. kalt stellen.

Pro Portion ca. 0,88 €

FANNINA: „Joghurt und Keks-Creme gut verrühren, sonst gibt's Klümpchen."

Tipp

Mit schicker Haube: Um ein stylisches Muster zu erhalten, können Sie einfach einen Keks als Schablone auf das Tiramisu legen und den Kakao darübersieben.

SIMPEL
20 Min.

▶ Verfasser: COCACOLAMAUS, WEB: CK-MAG.DE/321018

Apfelkompott ★★★★★

Pro Portion 147 KCAL

ZUTATEN (4 Portionen)

1 kg Äpfel (z. B. Boskop, Cox Orange)

evtl. **2–4 El** Zucker

1 Zimtstange

VEGAN

1. **Äpfel** schälen, vierteln, entkernen und in kleine Stücke schneiden.

2. Einen Topf mit Wasser ausspülen. **Äpfel**, nach Belieben **Zucker** sowie **Zimtstange** hineingeben. Zugedeckt einmal kurz ankochen (nicht sprudelnd aufkochen) und die **Äpfel** bei milder Hitze je nach Sorte 15–30 Min. ziehen lassen, bis sie weich sind. Apfelkompott abkühlen lassen. **Zimtstange** entfernen.

3. Für Apfelmus das Apfelkompott mit dem Stabmixer fein pürieren.

Pro Portion ca. 0,38 €

RUPPILEINCHEN: „War einfacher als jedes andere bisher gemachte Mus und ging superschnell."

SIMPEL
20 Min.

► Verfasser: MANUELA-ONE, WEB: CK-MAG.DE/351018

Arme Ritter ★★★★

Pro Portion 530 KCAL

ZUTATEN (2 Portionen)

500 ml Milch
½ Vanilleschote
½ TL Bio-Zitronenabrieb
1 Tl Zucker
4 Eier (Kl. M)
100 g Semmelbrösel
4 Scheiben altbackenes Weiß- oder Toastbrot
80 g Butter
2-4 El Zimtzucker

VEGGIE

1. **Milch** mit **Vanilleschote, Zitronenschale** und **Zucker** aufkochen. Abkühlen lassen, **Vanilleschote** entfernen.
2. **Eier** verquirlen und in einen tiefen Teller geben. **Semmelbrösel** ebenfalls in einen tiefen Teller geben.
3. **Brotscheiben** in der Vanillemilch wenden, bis sie sich vollgesogen haben. Dann durch das **Ei** ziehen und in **Semmelbröseln** wenden.
4. **Butter** in einer großen Pfanne erhitzen, **Brotscheiben** darin von beiden Seiten knusprig und goldbraun ausbacken. Mit **Zimtzucker** bestreuen.

Pro Portion ca. 2,04 €

SPACECARVER: „Ging prima. Kann man mit allem alten Brot machen."

Freuen Sie sich auf eine kulinarische Urlaubsreise ans Mittelmeer!

Mediterrane Urlaubsküche

ca. 120 Seiten, durchgehend farbig bebildert, Klappenbroschur, 19 x 23 cm,

ISBN: 978-3-96058-469-8, **12,99 €**

Die Mittelmeerküche bietet eine Vielzahl an Aromen. Ob frische Kräuter, Oliven, Knoblauch oder Fisch – alle Zutaten schmecken herrlich nach Urlaub und sind noch dazu unglaublich gesund! 50 raffinierte Rezepte der Urlaubsküche unserer Chefkoch-Community sind in diesem Buch vereint. Ob feines mediterranes Ofengemüse, griechische Moussaka, spanische Paella oder italienisches Zitronentiramisu – diese Gerichte bringen Ihnen Urlaubsfeeling in die heimische Küche. So wird die Vorfreude auf die nächste Reise noch größer!